LE MARÉCHAL

DEVANT L'OPINION

Prix : 15 Centimes

EN VENTE

A LA LIBRAIRIE DU MONITEUR UNIVERSEL

13, QUAI VOLTAIRE, 13

—

PARIS

LE MARÉCHAL

DEVANT L'OPINION

Prix : 15 Centimes

EN VENTE

A LA LIBRAIRIE DU MONITEUR UNIVERSEL

13, QUAI VOLTAIRE, 13

—

PARIS

LE MARÉCHAL

DEVANT L'OPINION

L'acte du 16 mai a causé au premier abord un certain étonnement. La patience du Maréchal avait été si grande que ses amis, ses adversaires et les simples spectateurs commençaient à la croire inépuisable. De là des commentaires passionnés et des interprétations erronées d'un acte très-simple, très-nécessaire et tout à fait conforme à l'esprit et à la lettre de nos constitutions. On a murmuré les mots de coup d'État, on a parlé d'un ministère de colère; les uns ont assuré que le Maréchal avait épuisé son énergie et son droit dans la manifestation du 16 mai et qu'on le verrait bientôt fléchir de nouveau vers la gauche; les autres ont fait entendre au contraire que le renvoi du cabinet Jules Simon était la préface d'un coup d'État, le prélude d'une crise gouvernementale, l'annonce d'une guerre européenne.

Ces déclamations intéressées n'ont pas égaré l'opinion; elle envisage les choses avec plus de sang-froid et plus d'équité, mais ce n'est point un motif de garder le silence en présence d'attaques multipliées. Il est bon de rappeler au pays et à l'Europe les graves considérations qui ont inspiré la conduite du Maréchal et d'exposer sommairement les conséquences politiques qui découlent de l'acte du 16 mai.

I

Le Maréchal a été appelé au pouvoir, par les conservateurs qui avaient longtemps soutenu l'honorable M. Thiers, parce que le chef du pouvoir exécutif, après avoir pris son point d'appui à droite, se laissait insensiblement entraîner vers les gauches. L'opinion conservatrice, inquiétée par les élections partielles, demandait à être rassurée. Tout le monde reconnaissait la nécessité de donner plus d'énergie à l'action gouvernementale.

Pour répondre à cette pensée, l'Assemblée fit appel au dévouement d'un soldat, pensant avec raison que la présence d'un militaire à la tête du Gouvernement rendrait confiance aux bons citoyens et serait une garantie efficace contre le désordre matériel.

Un autre motif guida son choix : le Maréchal n'appartient à aucun parti, il n'appartient qu'à la France, et sa loyauté, sa droiture, son abnégation inspirent un respect égal à toutes les fractions du parti conservateur.

La même Assemblée qui n'avait pas voulu la République avec M. Thiers a fini par l'admettre avec le Maréchal, et elle a voté la Constitution du 25 février.

Le maréchal Mac-Mahon n'avait pas désiré la proclamation de la République, mais du moment que l'Assemblée souveraine eut pris une décision, il accepta franchement la Constitution et il n'a pas cessé depuis de la pratiquer avec la plus scrupuleuse loyauté.

Qu'est-ce, en effet, que cette Constitution?

C'est une transaction entre les républicains de la veille et les hommes politiques qui acceptent la République comme une nécessité transitoire ou définitive.

La Constitution a établi trois pouvoirs : un Président et deux Chambres. Tous trois représentent le pays, car tous trois sont le produit de l'élection; leur accord fait la loi et détermine la direction politique.

D'où cette double conclusion : qu'aucun des trois pouvoirs n'a le droit de se donner pour le seul représentant du pays, et que si deux d'entre eux sont d'accord, le troisième doit se soumettre, surtout quand les deux autres lui rendent la soumission facile et honorable par d'incessantes concessions.

Ces principes posés, arrivons aux faits :

Le Maréchal a-t-il jamais prétendu qu'il fût le seul représentant de la France? En aucune façon.

Le Sénat a-t-il émis cette prétention? A aucun degré.

Le Maréchal et le Sénat réunis ont-ils abusé de leur accord pour opprimer l'Assemblée? Ils ont été vis-à-vis d'elle jusqu'à l'extrême limite des concessions.

On a sacrifié aux rancunes de l'Assemblée le ministère Buffet, qui avait les sympathies du Sénat, ainsi que l'élection de M. Buffet l'a démontré. M. Ricard et M. de Marcère ont été successivement appelés au ministère de l'intérieur pour donner satisfaction à la Chambre.

Quand le ministère Dufaure a été renversé, le Maréchal pouvait s'arrêter, car si le ministère Dufaure était le minimum de l'opinion de la Chambre, il était le maximum de l'opinion du Sénat. Le Maréchal a pourtant pris le ministère Jules Simon, et il n'a rompu avec lui que le jour où il a été démontré que ce cabinet devenait le complaisant du radicalisme et l'instrument docile de l'un des pouvoirs contre les deux autres.

Donc, ni le Maréchal, ni le Sénat n'ont tenté d'usurper, ils ont usé avec la plus extrême modération de la prépondérance constitutionnelle que leur assurait leur accord. Ils ont tout fait pour éviter un conflit.

En a-t-il été de même de la Chambre?

Dès le lendemain des élections, la Chambre a émis l'étrange prétention d'être à elle seule la représentation nationale. Elle a voulu supprimer en fait les deux autres pouvoirs. Elle a exigé que les Ministres fussent choisis par le Président et les fonctionnaires par les Ministres, d'après le seul goût des députés, sans tenir compte des droits ou des opinions du Sénat et de ceux du Président. On a été jusqu'à contester au Maréchal le droit d'avoir une opinion, de montrer des préférences et de parler de sa responsabilité envers le pays, comme si le chef de l'État avait pour seul rôle constitutionnel de fabriquer automatiquement des cabinets, suivant des formules dictées par la Chambre.

Une telle doctrine, une telle pratique mènent droit au pouvoir absolu d'une Assemblée, c'est-à-dire au plus redoutable des despotismes, car la tyrannie collective est essentiellement anonyme et irresponsable.

C'est donc la Chambre seule qui a amené le conflit.

C'est elle qui a faussé la Constitution en entreprenant sur les autres pouvoirs.

Ce n'est pas contre la Constitution que l'acte du 16 mai a été dirigé. Il est, au contraire, essentiellement conservateur de la Constitution.

Il a pour but de la défendre contre ceux qui n'ont accepté l'établissement des trois pouvoirs que pour obtenir le vote des conservateurs en faveur de la République et avec l'arrière-pensée, aujourd'hui dévoilée, d'annihiler d'abord, ensuite de supprimer deux pouvoirs sur trois, pour établir sur leurs ruines une véritable Convention.

II

Si le Maréchal a eu le droit et le devoir, au point de vue constitutionnel, de défendre les prérogatives du Sénat et les siennes contre les empiétements de la Chambre, il faut ajouter que son intervention a été impérieusement commandée par les périls que les progrès du radicalisme faisaient courir à l'ordre public et à la paix.

Le premier besoin d'un pays c'est l'ordre, et, avec nos habitudes de centralisation, l'ordre n'existe pas longtemps, si le pouvoir exécutif n'est pas fort et respecté. Les populations paisibles suivent volontiers l'impulsion de l'Administration, qui attend elle-même l'impulsion du pouvoir. Si le pouvoir est inerte, s'il est chaque jour attaqué et amoindri, le pays est inquiet et agité.

Avec la centralisation qui accoutume les populations à compter beaucoup sur l'initiative du pouvoir, avec le suffrage universel qui met en mouvement dix millions d'hommes, avec l'organisation formidable du parti révolutionnaire qui a renversé tant de gouvernements, le système représentatif n'est applicable à notre pays que si le pouvoir exécutif est très-fort. Plus les flots à contenir sont abondants et tumultueux, plus la digue doit être résistante.

La Constitution du 25 février n'a pas méconnu l'urgence d'armer le pouvoir exécutif. Elle lui a donné une véritable prépondérance dans le gouvernement; elle lui a accordé le droit de proroger le Parlement, le droit de dissoudre la Chambre. Elle a voulu qu'il fût toujours prêt à résister aux entraînements de la Chambre et à dominer les tentatives de la révolution.

Qu'a-t-on fait de ces garanties, qui ont seules déterminé le parti conservateur et le Maréchal à accepter la Constitution?

Grâce aux changements introduits dans le personnel administratif, sous la pression de l'Assemblée, on a semé le découragement parmi les agents du pouvoir et l'inquiétude dans les populations. En désavouant tous les préfets qui avaient montré quelque énergie, on donnait à penser que le premier devoir d'un fonctionnaire, soucieux de son avenir, est d'être faible, de défendre avec mollesse les intérêts sociaux, de transiger avec le désordre. Tandis que les fonctionnaires se déconcertaient, les bons citoyens, les hommes paisibles se retiraient tristement chez eux, abandonnant les urnes et le forum à la tourbe radicale. L'abstention et la désertion éclaircissaient chaque jour les rangs du parti conservateur, et l'audace du parti radical grandissait en proportion.

On ne discutait déjà plus que l'opportunité de notre exécution. Les uns voulaient qu'on en finît sans délai avec le Sénat, avec le pouvoir exécutif, avec l'Église, avec la société. Les autres consentaient à nous accorder un sursis; mais pour excuser leur tiédeur apparente, ils avaient soin de proclamer que nous ne perdrions rien pour attendre. Les premiers voulaient nous attaquer de front; les autres voulaient d'abord se servir des modérés pour désorganiser l'administration et ruiner l'autorité, arriver ainsi à obtenir, par la terreur révolutionnaire, des élections municipales hostiles au Sénat et modifier par là le Sénat lui-même, puisque les sénateurs sont élus par les délégués des conseils municipaux. On parvenait de cette façon à isoler le Maréchal et à subalterniser le pouvoir exécutif, auquel la Constitution a donné un rôle prépondérant.

Dès lors, rien n'empêchait plus les radicaux de réaliser leur programme. On allait donc au triomphe du radicalisme, à la Commune légale, car le radicalisme porte dans ses flancs l'amnistie, et l'amnistie c'est la revanche de la Commune.

Nous accusera-t-on de calomnier les intentions de la Chambre? Il suffit, pour les juger, de parcourir la liste des propositions faites à l'Assemblée par les députés de la gauche depuis les élections, propositions dont plusieurs ont été adoptées, et la plupart prises en considération par la Chambre. Cette liste donne une idée de ce qu'aurait fait la Chambre le jour où elle aurait été débarrassée des entraves que lui opposent les deux autres pouvoirs de l'État.

Il y avait donc un véritable complot contre la Constitution, contre le Sénat, contre le pouvoir exécutif, contre nos institutions civiles et politiques. C'est ce complot que le Maréchal-Président a déjoué par l'acte du 16 mai.

Il devait cette satisfaction à la France conservatrice qui l'a placé au seuil de la Constitution comme un factionnaire chargé d'empêcher l'invasion du radicalisme. Il la devait aussi à l'armée qui a versé son sang pour arracher Paris des mains de la Commune ; il la devait à l'Europe qui nous observe.

Chef de l'armée, soucieux du sang de nos braves soldats, le Maréchal n'avait pas le droit de laisser aller les choses à l'extrême ; car, lorsque la faiblesse du pouvoir a permis à la démagogie de s'organiser, de s'armer, de livrer bataille, c'est le noble sang de l'armée qui paye la rançon de l'ordre, du pouvoir et de la société.

Quant à l'Europe, elle n'a certes pas à intervenir dans nos affaires intérieures et elle n'y songe pas. Mais les États européens ont le droit de demander à chacun d'entre eux deux choses : de n'être pas un foyer de propagande révolutionnaire, et d'avoir un gouvernement sur la parole duquel on puisse compter.

Or, qui ne sait que le radicalisme est essentiellement cosmopolite. Il y a quelques jours à peine, ne voyait-on pas le congrès socialiste allemand recevoir avec sympathie une adresse des socialistes parisiens ? A peine établie en France, la révolution rayonnerait en Europe ; en même temps qu'elle énerverait la défense nationale par la proscription et la discorde civile, elle provoquerait l'Europe par une propagande active, car la propagande est un article essentiel du programme des vrais radicaux.

Le triomphe de la démagogie serait donc la guerre à brève

échéance, une guerre désastreuse entre un pays divisé et une Europe exaspérée.

Que de fois n'avons-nous pas entendu dire à des hommes d'État étrangers :

« L'Europe a confiance dans la parole du Maréchal et dans les intentions pacifiques du pays. Mais qui peut nous assurer que, de concessions en concessions, le Maréchal n'ira pas jusqu'à des forcenés qui nous troubleront par leur propagande malsaine et qui entraîneront la France dans quelque aventure. »

Il était temps que l'acte du 16 mai répondît à cette légitime préoccupation de l'Europe.

L'Europe sait désormais qu'il y a en France un pouvoir résolu à se faire respecter et à protéger la majorité conservatrice et pacifique du pays contre le despotisme de la minorité radicale, contre les excitations des révolutionnaires cosmopolites.

L'Europe sait qu'elle peut avoir confiance, non-seulement dans les intentions du Maréchal, mais aussi dans sa volonté.

Conservateur de la Constitution faussée par la Chambre, conservateur de l'ordre menacé par la propagande radicale, l'acte du 16 mai est donc par-dessus tout conservateur de la paix.

III

La question est nettement posée.

D'un côté le Maréchal ;

De l'autre la démagogie.

Il ne s'agit ni de la République, ni de la Monarchie, ni de l'Empire, ni d'un système de gouvernement, ni du triomphe d'un parti.

La République établie par la Constitution n'est point menacée, et la clause de révision réserve l'avenir.

Tous les hommes d'ordre, quelle que soit leur origine, quelles que soient leurs opinions particulières, doivent donc se grouper autour du Maréchal, car ceux qui ne l'appuieront pas feront volontairement ou non le jeu de la révolution.

Entre le Maréchal et la démagogie, on chercherait vainement un moyen terme. Il faut choisir.

Dès à présent, les radicaux dominent la gauche et sont dominés eux-mêmes par les intransigeants. Entre les radicaux purs et les radicaux opportunistes, il n'y a aucune différence, quant aux intentions. Le programme est exactement le même. Pour les uns et pour les autres, il s'agit également d'une transformation radicale du Gouvernement et de la société, au mépris de tous les droits acquis. Les uns et les autres veulent la suppression du Sénat et l'annihilation du pouvoir exécutif, la suppression du budget du culte, la suppression de l'inamovibilité de la magistrature, l'établissement du divorce, des lois somptuaires, l'avénement de ce qu'ils appellent les nouvelles couches sociales, c'est-à-dire le mépris de toute hiérarchie, la destruction de l'armée par la diminution de la durée du service militaire. Ni la famille, ni la propriété, ni la religion ne doivent échapper à la hache de ces réformateurs. Ils ne nous cachent pas qu'il s'agit de tout changer, de tout modifier, de tout bouleverser, et pourtant ils sont accusés déjà de modérantisme par d'autres révolutionnaires qui entrent en communication avec les socialistes de l'Allemagne et rêvent tout haut le nivellement des fortunes.

Quand les radicaux opportunistes auront détruit l'autorité, les radicaux purs appliqueront leur programme et ouvriront ainsi la porte au socialisme cosmopolite. On ne s'arrête pas sur la pente révolutionnaire. Si l'on a l'imprudence de s'y engager, on y glisse avec une rapidité vertigineuse, sous l'impulsion d'une implacable logique.

Au Sénat et dans le pays, il ne peut donc y avoir que deux réponses à l'appel du Maréchal, *oui* ou *non*.

Si l'on répond *oui*, c'est la Constitution maintenue avec la clause de révision en 1880, c'est l'ordre et la sécurité intérieurs, c'est le pouvoir fortifié, c'est l'armée respectée, c'est la paix garantie.

Si au contraire les conservateurs, qui forment l'immense majorité du pays, s'abandonnent eux-mêmes; s'ils se laissent de nouveau intimider par les uns ou séduire par la feinte modération des autres; s'ils se querellent sur la question de gouvernement qui n'est pas posée et qui né peut pas l'être en ce moment, au lieu de s'entendre sur la question de salut national qui est à l'ordre du jour; s'ils se divisent devant l'ennemi commun, au lieu de s'unir pour le vaincre; si, en un mot, nous voyons se reproduire ces divisions, ces désertions, ces abstentions qui ont mis les choses où elles sont, que deviendra la France et quelle décision le Maréchal prendra-t-il?

Appelé au pouvoir, sans l'avoir désiré, par une Assemblée souveraine, il pourra refuser de descendre du fauteuil présidentiel malgré les attaques de l'Assemblée. Son élection a précisément la même valeur que le vote de la Constitution républicaine, car elle a la même origine. Le pouvoir du Président et la République sont l'œuvre de la même Assemblée.

Le Maréchal pourra donc légalement rester au pouvoir jusqu'à l'expiration de son mandat. Il pourra y rester avec sa politique et avec les hommes qui ont sa confiance, attendant avec le calme de la force et la sérénité du droit une heure favorable pour consulter de nouveau la France et ménager une éclatante revanche au bon sens outragé. Qui donc le contraindrait à quitter le pouvoir qu'il détient légalement? Il faudrait l'en arracher, et personne assurément ne tenterait l'aventure.

Si le Maréchal prenait une telle résolution, ce serait la perpétuation du conflit, ce serait le pouvoir amoindri devant la démagogie qui gronde et en présence de l'Europe qui nous observe, ce serait l'anarchie dans le gouvernement, le trouble dans le pays, le marasme dans le monde des affaires. Ce serait la crise gouvernementale en permanence avec tous ses inconvénients et avec tous ses périls.

Et c'est pourtant l'hypothèse la plus favorable, car après tout le Maréchal, abreuvé de dégoûts, écœuré des divisions de ses propres amis, pourrait laisser tomber avec dédain ce pouvoir qu'il n'a pas convoité et dont il n'avait pas besoin pour léguer un nom à l'histoire.

N'aurait-il pas le droit de dire aux conservateurs : « Lorsque vous m'avez demandé, comme un sacrifice, de succéder à M. Thiers, j'ai dû croire qu'après vous être mis d'accord pour m'imposer une tâche périlleuse, vous resteriez d'accord pour m'aider à l'accomplir. Vous m'avez refusé votre concours; grâce à vous, le radicalisme triomphe; arrangez-vous désormais avec lui, car moi je ne m'en mêle plus. Les deux Chambres vont se réunir en congrès pour me donner un successeur. Qui choisiront-elles? Avant les élections, on mettait en avant des noms plus ou moins modérés pour vous cacher le précipice. Qui va-t-on maintenant vous donner pour chef? C'est votre affaire. Le congrès profitera de sa réunion pour reviser la Constitution, établir une seule Chambre, c'est-à-dire une Convention; le Président et la Convention se mettront d'accord pour vous atteindre dans votre religion, dans vos biens, dans vos personnes. Cela vous regarde. Je vous ai soutenus, vous m'avez abandonné; je vous ai montré le péril, vous m'avez désarmé; j'ai fait mon devoir, vous avez déserté le vôtre. Arrangez-vous désormais avec le radicalisme auquel je fermais la porte et que vous avez fait entrer. Vous n'avez pas voulu vous faire les uns aux autres les concessions qui eussent tout sauvé. Si maintenant tout est perdu, ne vous en prenez qu'à vous-mêmes. »

Le Maréchal serait fondé à tenir un tel langage, et, s'il le tenait, que deviendrait la société et que deviendrait la France?

IV

Le pays comprendra la gravité de la situation, et la réponse ne se fera pas attendre.

Chaque fois que la France a été solennellement mise en demeure de se prononcer sur une question nettement posée, ni le bon sens, ni la sagesse ne lui ont fait défaut. C'est ainsi qu'en 1849 la France a élu l'Assemblée législative pour déjouer les projets des novateurs ; c'est ainsi qu'en 1871 elle a élu l'Assemblée nationale pour mettre un terme à une dictature incapable et violente ; c'est ainsi qu'après la Commune on a vu le département de la Seine donner la majorité à la liste conservatrice.

En temps ordinaire, les conservateurs sont trop disposés à se soustraire aux ennuis de la lutte électorale en se réfugiant dans l'abstention ; ceux qui ne s'abstiennent pas se divisent, et la révolution obtient un triomphe éphémère. Mais aussitôt que la France se trouve placée en présence d'un danger bien évident, dès que les conservateurs se sentent soutenus et guidés par un gouvernement énergique, les indifférents se décident à tenter un suprême effort, les fractions du parti conservateur s'unissent dans une action commune, et la révolution, tout à l'heure victorieuse, est maintenant abattue. La France nous a fait assister déjà à ce spectacle consolant ; elle va nous le donner de nouveau.

On lui parlera un langage clair ; il ne sera plus possible, cette fois, de se servir du nom du Maréchal pendant la lutte électorale pour combattre sa politique après l'élection. Il faudra voter pour ou contre le Maréchal représentant l'ordre et la paix.

Les fonctionnaires vigoureusement appuyés et couverts par les Ministres, rassurés sur leur avenir par la parole du Maréchal qui ne les abandonnera pas, ne négligeront rien pour éclairer les électeurs.

Les conservateurs timides seront énergiquement protégés dans le présent contre la pression révolutionnaire, dans l'avenir contre les représailles des hommes de désordre.

Nous savons que l'organisation révolutionnaire est formidable. Partout il y a des comités, partout des journaux, partout des agents. Grâce à la complicité plus ou moins volontaire du dernier cabinet, les administrations publiques ont été atteintes elles-mêmes, sur certains points, par la contagion. Mais si la révolution a son organisation, le pouvoir a aussi la sienne.

Il encouragera, il soutiendra les fonctionnaires qui serviront avec zèle la cause de l'ordre; il usera de tous ses droits; il emploiera tous les moyens légaux dont il dispose pour guider le pays et pour le soustraire aux influences malsaines.

Le Maréchal l'a promis à la France. Cela sera.

Contre une telle organisation, contre une telle volonté, devant l'union de toutes les forces conservatrices sous la direction d'un chef respecté, toutes les menaces de la démagogie seront vaines, tous ses efforts seront impuissants, et la France rendue à elle-même, débarrassée des agitateurs qui l'énervent, ne songera plus qu'à féconder par le travail ses richesses naturelles, et à rétablir sa situation dans le monde par l'ordre et la paix, sous l'impulsion tutélaire d'un pouvoir fort et incontesté.

PARIS — TYPOGRAPHIE A. POUGIN, 13, QUAI VOLTAIRE. — 9088.